Kleines Fussball-ABC *für* Frauen

und andere Menschen

zusammengestellt von
Marko Ramm

BuchVerlag
für die Frau

Foto S. 2: Die deutschen Spieler mit dem WM-Pokal 1974

Foto S. 19: Der legendäre Torschütze Jürgen Sparwasser im Spiel DDR-BRD 1974

Foto S. 103: Die brasilianische Fußball-Legende Pelé auf der Ausstellung „100 Jahre FIFA"

ISBN 3-89798-114-9

2. Auflage 2006

Fotos: Klaus-Dieter Gloger,
dpa Picture Alliance (Seite 2, 19, 103)
Einband: Christine Paxmann
Layout, Satz, Repro: Catharina Ende
Druck: Klingenberg Buchkunst Leipzig
Buchbinderische Verarbeitung:
Müller Buchbinderei Leipzig
Printed in Germany
www.buchverlag-fuer-die-frau.de

Toooor...

Männervorwort

Allen Männern sei gesagt: Dieses Büchlein wird dafür sorgen, dass ihr euch wieder in Ruhe das Spiel ansehen könnt.

Frauenvorwort

Auf die Idee für dieses Buch bin ich während einer Fußball-Übertragung im Fernsehen gekommen.
Das Länderspiel zwischen Deutschland und Holland war gerade eine Viertelstunde alt, als meiner Frau mal wieder etwas langweilig wurde. (Den meisten Frauen wird trotz guten Willens nach einer Weile beim Fußball langweilig).

So fing sie an, selbstverständliche Worte und Sprüche des Fußball-Reporters kritisch zu hinterfragen. Was ist ein „Knipser"? Was bedeutet „den Winkel verkürzen"? Was ist eine „Blutgrätsche"?
Fragen, die uns Fußball-Philosophen unnötig ablenken und bei deren Erklärung wir Männer vielleicht das entscheidende Tor verpassen.
Um solche Situationen in Zukunft zu vermeiden, gibt es nun dieses Büchlein, das auf die häufigsten Fußball-Fragen eine Antwort weiß.

Ein schönes und aufregendes Spiel wünscht

Marko Ramm

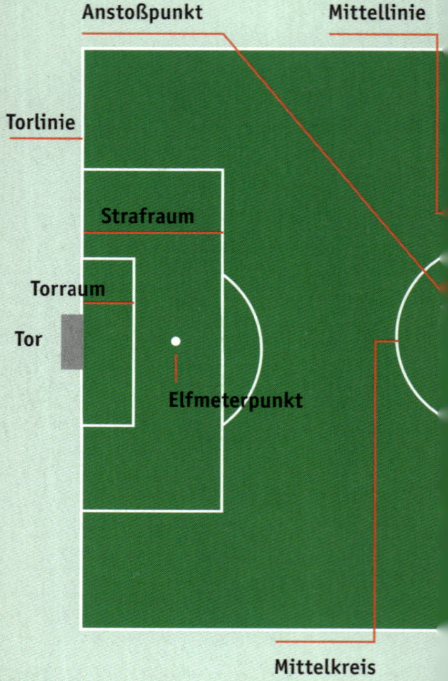
Anstoßpunkt
Mittellinie
Torlinie
Strafraum
Torraum
Tor
Elfmeterpunkt
Mittelkreis

Seitenlinie
Torlinie
Strafraum
Torraum
Tor
Elfmeterpunkt
Seitenlinie

Abgefälschter Ball

Ein Spieler schießt den Ball aufs Tor. Während der Ball unterwegs ist, berührt ein anderer Spieler ihn so, dass sich die Flugbahn verändert.

Absatzkick

Der Ball wird mit der Hacke gespielt.

Abschlag (Abstoß)

Dieser Abschlag hat nichts mit der Stromrechnung zu tun.
Abschlag beim Fußball bedeutet, dass der Torwart den Ball aus der Hand und mit dem Fuß mit viel Wucht ins Spielfeld zurück befördert. So kann er einen schnellen Gegenangriff einleiten.

Abseits

Abseits ist, wenn im Moment der Ballabgabe ein Spieler der angreifenden Mannschaft in der gegnerischen Hälfte näher zur Torlinie steht als ein Spieler der verteidigenden Mannschaft. Stehen angreifender und abwehrender Spieler auf gleicher Höhe, gilt das nicht als Abseits.
Wichtig: Die Abseitsregel tritt außer Kraft, wenn der Ball vom verteidigenden Spieler zuletzt berührt wurde.
Ist auf Abseits entschieden, bekommt die verteidigende Mannschaft einen Freistoß.

Abseitsfalle

Im Fußball eine miese Waffe oder ein gutes Mittel, um die gegnerischen Stürmer vom Toreschießen abzuhalten. Die Stürmer der angreifenden Mannschaft werden bewusst von der verteidigenden Mannschaft ins Abseits „gelockt". Schnappt die Abseitsfalle zu, muss der Schiedsrichter das Spiel unterbrechen und einen Freistoß geben.

Abstauber

Ein Ball wird aus einiger Entfernung auf das Tor geschossen, der Torwart wehrt ihn ab, kann ihn aber nicht festhalten. Der Spieler, der den Ball dann aus kürzester Distanz ins Tor schießt, hat ein so genanntes Abstauber-Tor erzielt.

Abwehr

Der hintere Mannschaftsteil, der für das Verhindern von gegnerischen Toren zuständig ist.

Abwehrkette

Ist ein taktisches Stilmittel in der Abwehr der Mannschaft. Man spricht von einer 3er oder 4er Abwehrkette.

Abwehrmauer

Mehrere Spieler stehen dicht nebeneinander und bilden in einer Entfernung von 9,15 Meter zum Ball eine Mauer.

Abwehrspieler

Dieser Spieler wird in der Verteidigung eingesetzt. Er soll den Gegner am Toreschießen hindern.

Ballack, Michael
Deutscher Nationalspieler und beim FC Bayern München. Bekannte Aussprüche:

„Keiner verliert ungern."

„Wir können so was nicht trainieren, sondern nur üben."

Basler, Mario
Ex-Nationalspieler:

„Jede Seite hat zwei Medaillen."

„Das habe ich ihm dann auch verbal gesagt."

Beckenbauer, genannt Kaiser Franz

Der Prototyp eines erfolgreichen Fußballers. Ist 1974 als Spieler und 1990 als Teamchef Fußball-Weltmeister geworden. Und er hat die WM 2006 nach Deutschland geholt:

„Es gibt nur eine Möglichkeit: Sieg, Unentschieden oder Niederlage."

„In einem Jahr hab ich mal 15 Monate durchgespielt."

„Die Schweden sind keine Holländer - das hat man ganz genau gesehen."

Über das WM-Finale 1990:
„Damals hat die halbe Nation hinter dem Fernseher gestanden."

Aktionsradius

Kennzeichnet die Laufwege eines Spielers auf dem Spielfeld.
Zu einem lauffaulen Spieler sagt man: „Du hast einen Aktionsradius so groß wie ein Bierdeckel".

Alleingang

Schnelles Dribbling mit dem Ball an den gegnerischen Spielern vorbei.

Allerweltsfoul

Ein Spieler bringt einen Spieler der gegnerischen Mannschaft regelwidrig zu Fall, aber ohne böse Absicht.

Altherrenfußball

Bezeichnet eine eher gemütliche langsame Spielweise beim Fußball. Die Spieler laufen wenig, spielen dafür aber genaue und direkte Pässe.

Ampelkarte

Während die normale Ampel über drei Farben verfügt, kommt die Ampelkarte beim Fußball mit den Farben Gelb und Rot aus. Die Ampelkarte wird vom Schiedsrichter vergeben, wenn ein Spieler, der bereits mit der gelben Karte verwarnt worden ist, sich erneut daneben benimmt.
Dann zeigt ihm der Schiri zuerst noch mal die gelbe Karte und anschließend die rote Karte. Danach darf der Spieler vorzeitig zum Duschen in die Kabine gehen.

Anschneiden

Bei dieser Berührung wird der Ball nicht in der Mitte, sondern seitlich getroffen. Dadurch fliegt er in einer Kurve. Man sagt auch, der Ball hat Effet.

Anstoß

Ist immer im Mittelkreis. Mit dem Anstoß beginnt das Fußballspiel. Zu Beginn der 2. Hälfte und nach jedem geschossenen Tor ist ebenfalls immer Anstoß.

Aufsetzer

Gefährlicher Torschuss, bei dem der Ball kurz vor dem Torhüter noch mal den Boden berührt und somit unberechenbar und schwer zu halten ist.

Aufstützen

Ist eine Regelwidrigkeit. Ein Spieler stützt sich beim Hochspringen zum Kopfball mit den Händen auf dem Gegenspieler ab und erzielt somit einen Vorteil für sich.

Aufwärmen

Begriff für die Vorbereitung der Muskulatur auf eine hohe Belastung. Aufgewärmt wird immer vor dem Spiel, um Verletzungen vorzubeugen.

Auf Zeit spielen

Taktisches Spielverhalten in den letzten Spielminuten. Es soll verhindert werden, dass der Gegner in Ballbesitz kommt. Der Ball wird entweder in den eigenen Reihen gehalten oder immer wieder ins Aus geschossen.

Erkennt der Schiedsrichter, dass eine Mannschaft das Spiel absichtlich verzögert, kann er einen Spieler mit einer gelben Karte verwarnen.

Ausball

Bedeutet eine Spielunterbrechung, wenn der Ball in vollem Umfang die Seitenauslinie überschritten hat. Es geht mit einem Einwurf weiter.

Ausputzer

Spielt in der Abwehr und hat die Aufgabe, bei Fehlern der eigenen Mitspieler sofort zur Stelle zu sein und den Fehler auszubügeln.

Ausstattung

Kleidung: ein Trikot, kurze Hose, Stutzen, Schienbeinschoner, Fußballschuhe. Die Spieler eines Teams tragen einheitliche Kleidung, die sich deutlich vom Trikot des gegnerischen Teams unterscheiden muss.
Der Torhüter trägt Handschuhe und sein Trikot unterscheidet sich so von den Trikots seiner Mitspieler, dass er nicht für einen Feldspieler gehalten wird.

Aussteigen lassen

Wenn der ballführende Spieler einen Gegenspieler austrickst und ungehindert in Richtung Tor läuft.

Auswärtstor

Bei Pokalspielen mit Hin- und Rückspiel werden bei Punkt- und Torgleichheit auswärts geschossene Tore doppelt gezählt. Sollte nach dem Rückspiel trotzdem Punkt- oder Torgleichheit bestehen, wird durch Elfmeterschießen eine Entscheidung herbeigeführt.

→ Elfmeterschießen, Pokalspiel

Auswechselspieler

Das sind die zusätzlichen Spieler, die auf der Auswechselbank am Rand des Spielfeldes warten, um während des Spiels eingewechselt zu werden.

Brehme, Andreas
Ex-Nationalspieler und
Weltmeister 1990:

„Wenn der Mann in Schwarz pfeift, kann der Schiedsrichter auch nichts mehr ändern."

Breitner, Paul
Ex-Nationalspieler und
Weltmeister 1974:

„Dann kam das Elfmeterschießen. Wir hatten alle die Hosen voll, aber bei mir lief es ganz flüssig."

Best, Georg
Englischer Ex-Nationalspieler:

„Ich habe viel von meinem Geld für Alkohol, Weiber und schnelle Autos ausgegeben. Den Rest habe ich einfach verprasst."

Buchwald, Guido
Ex-Nationalspieler:

„Ich hab ´ne Oberschenkelzerrung im linken Fuß."

Außenrist

Die äußere Vorderseite des Fußes. Schießt man den Ball mit dem Außenrist, so bekommt dieser einen Drall und fliegt in einem Bogen, auch Anschneiden des Balles genannt.

Außenstürmer

Es gibt den Rechtsaußen und den Linksaußen. Beide sind schnell und laufen immer wieder an der Außenlinie entlang in Richtung gegnerisches Tor, um von dort den Ball vor das Tor zu flanken.

Außenverteidiger

Es gibt den rechten und den linken Außenverteidiger. Beide sind die jeweiligen Gegenspieler der Außenstürmer der gegnerischen Mannschaft und müssen verhindern, dass diese ein Tor schießen.

Ball

Der Fußball wird in der Regel aus Kunststoff hergestellt. Er wiegt zwischen 396 und 453 g und sein Umfang liegt zwischen 68 und 71 cm.

Ball laufen lassen

Die Mitspieler spielen sich den Ball so zu, dass dieser möglichst wenig zur Ruhe kommt und doch immer in der eigenen Mannschaft bleibt.

Ball klebt am Fuß

Sagt man, wenn es einem Spieler gelingt, die anderen auszuspielen und sehr lange Zeit in Ballbesitz zu bleiben.

Bananenflanke

Der Ball wird von der rechten oder linken Seite so „angeschnitten" vor das Tor geflankt, dass er nicht einfach gerade fliegt, sondern einen Bogen macht. Die Flugbahn ähnelt der Form einer Banane. Diese Flankenart ist brandgefährlich, weil sich Torwart und Gegenspieler oft in der Flugbahn des Balles verschätzen. Als Perfektionist der Bananenflanke gilt Manfred Kaltz – HSV-Legende.

Beamtenfußball
Sagt man bei Spielern, die sich mit monotoner Pflichterfüllung zufrieden geben und nicht mehr laufen als unbedingt nötig.

Befreiungsschlag
Der Ball wird von einem Spieler hektisch so weit wie möglich weggeschossen. Gerne auch über die Seitenauslinie und hoch ins Publikum („Los, hau weg die Kirsche!"). Hauptsache, der Gegner kriegt ihn nicht. Der Befreiungsschlag ist nicht gerade die hohe Kunst des Fußballs, aber zu Spielende manchmal sehr nützlich.

Beton-Abwehr

Bevorzugte italienische Spielweise. Eine Mannschaft beschäftigt sich während des Spiels nur mit der Abwehr von Bällen. Alle Spieler stellen sich am Strafraum auf, so dass eine symbolische Betonmauer entsteht. Deshalb spricht man bei einer sehr defensiven Ausrichtung einer Mannschaft vom Beton-Anmischen.

Beschatten

Verfolgen des Gegenspielers mit dem Ziel, ihn am Ballbesitz zu hindern.

Bilderbuchaktion

Eine optisch attraktive und dabei wirkungsvolle Spielhandlung.

blind

Blind sein im fußballerischen Sinn heißt keinen Blick für die Situation haben. Entweder generell (einer der „keine Ahnung" hat) oder auch formbedingt, dann sagt man:
„Er war heute ausgesprochen blind".

Blutgrätsche

Die übelste Form des Fouls, wobei sich der gefoulte Spieler meistens schwere und blutige Verletzungen zuzieht.

Bogenlampe

Die Flugbahn des Balles verläuft ähnlich einer Sinuskurve. Dabei ist der Ball immer sehr lange in der Luft unterwegs, bevor er wieder zum Erdboden zurückkehrt. Eine Bogenlampe entsteht meistens unabsichtlich und ist kein probates Mittel, um bei Trainer oder Mitspielern Anerkennung zu erlangen.

Bolzplatz

Ein Fußballplatz, der häufig in Großstädten vorkommt. Ist meistens eine Art Gitterkäfig und eigentlich ein idealer Spielplatz für Männer, leider ohne Sandkasten.

Bundesliga
Höchste deutsche Spielklasse. Besteht aus 18 Mannschaften, die in einer Saison gegeneinander antreten.

Chancentod
Bezeichnung für einen Spieler (Stürmer), dem es über einen langen Zeitraum hinweg einfach nicht gelingt, ein Tor zu schießen.

Dauerkarte
Berechtigt zum dauerhaften Besuch der heiligen Stätte Stadion.

Decken
Taktisches Abwehrmittel eines Spielers. Der Gegner wird so „bewacht", dass er nicht angespielt werden kann.

Daum, Christoph
Fußballtrainer:

„Man muss nicht immer die absolute Mehrheit hinter sich haben, manchmal reichen auch 51 Prozent."

Deisler, Sebastian
Nationalspieler:

„Ich hoffe, dass dieses Spiel nicht mein einziges Debüt bleibt."

Eilts, Dieter
Werder Bremen-Legende:

„Das interessiert mich wie eine geplatzte Currywurst im ostfriesischen Wattenmeer."

Emmerich, Lothar
Ex-Fußballer:

„Gib mich die Kirsche."

Fassbender, Heribert
Ex - Fußball-Kommentator.
Auch bekannt als:

„n' Abend allerseits".

„Es steht 1:1, genauso gut könnte es umgekehrt stehen."

Derby
Wenn zwei Mannschaften aus einer Stadt gegeneinander spielen, dann ist das ein Derby. St. Pauli - HSV oder 1860 München - FC Bayern.

Die Seuche haben
Wenn bei einer Mannschaft oder einem Spieler im Spiel alles schief geht, was schief gehen kann.

Direkter Freistoß
Mit einem direkten Freistoß (z.B. nach Foulspiel) kann unmittelbar ein Tor erzielt werden.

Distanzschuss
Ist ein Schuss auf das Tor, der aus einer großen Entfernung (mehr als 20 m Entfernung) abgegeben wird.

Doppelpass

Schnelles und direktes Zusammenspiel zweier Spieler einer Mannschaft. Wobei der erste der beiden Spieler den Ball mindestens zweimal berühren muss. Ein Doppelpass ist ein ganz besonders schöner Spielzug der angreifenden Mannschaft.

Doppelspitze

Zwei Stürmer in der Mannschaftsaufstellung. Wenn die beiden Stürmer ein eingespieltes Team sind, machen sie meistens viele Tore. Eine tolle Doppelspitze in der deutschen Nationalmannschaft waren Rudi Völler und Jürgen Klinsmann.

Dreiangel

Jedes Fußballtor hat zwei Dreiangel, die Ecken, wo Pfosten und Latte sich treffen. Geht der Ball dort ins Tor, dann bezeichnet man das als Sonntagsschuss.

Dribbling

Ein Spieler läuft äußerst geschickt mit dem Ball und umkurvt dabei seine Gegner, ohne dass diese ihm den Ball wegnehmen können.

Drop-Kick

Der Ball wird in dem Augenblick gespielt, wenn er gerade den Boden berührt.

Eckball

Auch kurz nur Ecke genannt. Wird gegen die Mannschaft verhängt, die den Ball über die eigene Torlinie befördert hat. Das angreifende Team bekommt den Eckball zugesprochen, der von einem festen Punkt an der Eckfahne ausgeführt wird. Während des Eckballes müssen die gegnerischen Spieler einen Abstand von mindestens 9,15 m einhalten.

Eckenstand

Ist das Verhältnis der von beiden Mannschaften im Spiel erzielten Eckbälle. Der Eckenstand der beiden Mannschaften wird zur Beurteilung eines Spieles mit herangezogen.

BfG
Bank
BfG
Bank

BfG
Bank

Eckfahne
Es gibt 4 Stück davon auf dem Spielfeld. In jeder Ecke eine und von dort aus werden die Eckstöße ausgeführt.

Eigentor
Ein Spieler schießt den Ball unabsichtlich ins eigene Tor.
Ein Eigentor wird als Treffer für den Gegner gezählt.

einen Lauf haben
Bedeutet, dass dem Spieler oder einer Mannschaft alles gelingt, jedes Abspiel kommt an, fast jeder Schuss ist ein Tor.

Einwurf

Rollt der Ball über die Seitenlinie, bekommt das Team einen Einwurf, das nicht zuletzt den Ball berührt hat. Um einen korrekten Einwurf auszuführen, muss der einwerfende Spieler den Ball von hinten über den Kopf einwerfen.

Elfmeter

Anderer Ausdruck für → Strafstoß

Elfmeterschießen

Wenn nach 90 Minuten regulärer Spielzeit und 30 Minuten Verlängerung immer noch kein Sieger feststeht, dann gibt es Elfmeterschießen - allerdings nur beim K.O.-System, das heißt, wenn Unentschieden als Ergebnis nicht möglich ist.

Englische Woche

Muss eine Mannschaft innerhalb einer Woche mehr als einmal spielen, bezeichnet man diese Woche als englische Woche. Dies ist dann der Fall, wenn neben den normalen Spielen auch noch am Dienstag oder Mittwoch gespielt wird.
Der Begriff kommt aus England, weil dort früher mehrmals in der Woche gespielt wurde.

Fallrückzieher

Kunstvolle Variante des Scherenschlages. Der Spieler steht mit dem Rücken zum Tor, lässt sich nach hinten fallen und springt gleichzeitig mit beiden Beinen hoch. Im Idealfall trifft er den Ball so, dass der ins Tor fliegt. Erfinder des Fallrückziehers Klaus Fischer (deutsche Nationalmannschaft und Schalke 04-Legende).

Fausten

Der Torwart wehrt hohe Bälle mit den Fäusten ab.

Fehlpass

Missglücktes Abspiel zwischen zwei Spielern einer Mannschaft.

Freund, Steffen
Ex-Nationalspieler:

„Es war ein wunderschöner Augenblick, als der Bundestrainer sagte: Komm Steffen, zieh deine Sachen aus, jetzt geht's los."

Gerland, Hermann
Trainer:

„Auf Gefühle gebe ich gar nichts. Dreimal hatte ich das Gefühl einen Sohn gezeugt zu haben und wir haben drei Töchter zu Hause."

Gullit, Ruud
Ex-Nationalspieler aus Holland:

„Wir haben 99% des Spiels beherrscht. Die übrigen 3% waren schuld daran, dass wir verloren haben."

Häßler, Thomas
Fußball-Weltmeister 1990:

„In der Schule gab's für mich Höhen und Tiefen.
Die Höhen waren der Fußball."

„Herzlichen Glückwunsch an Marco Kurz. Seine Frau ist zum zweiten mal Vater geworden."

Filigrantechniker

Ein Spieler, der am und mit dem Ball alles kann. Beispiel: der französische Nationalspieler Zinedine Zidane.

Fintenreiches Spiel

Ein Spiel, das sehr trickreich abläuft.

Flanke

Hohe Eingabe des Balles von der Seite in die Mitte vor das Tor. Damit wird den Mitspielern die Möglichkeit gegeben, ein Kopfballtor zu erzielen.

Flatterball

Der Ball fliegt mit Auf-Ab-Bewegungen auf das Tor zu. Diese Schüsse sind für den Torhüter schwer zu halten, da die Flugbahn des Balles kaum berechenbar ist.

Fliegenfänger

Ein Torwart, der beinahe jeden Kullerball in sein Tor reinlässt.

Flugkopfball

Bei einem Flugkopfball liegt der Spieler fast waagerecht in der Luft, um den Ball ins Tor zu köpfen.

Foul

Regelwidrigkeit: Ein Spieler wird mit unlauteren Mitteln durch den Gegner vom Ball getrennt.

Frauenfußball

Wird immer populärer. Seit 1990 gibt es eine Damenbundesliga, seit 1991 wird ein DFB-Pokal der Frauen ausgespielt. Die deutschen Frauenfußballerinnen wurden 2003 Weltmeister.

Fanatics/Saxony
S F P T
Since
02

14
9

Freistoß

Als Strafe bei Regelverstoß ein der gegnerischen Mannschaft zustehender unbehinderter Stoß des ruhenden Balles. (→ direkter/indirekter Freistoß)

Fußballer des Jahres

Seit 1960 stimmen die deutschen Sportjournalisten jedes Jahr darüber ab, wer der beste Spieler der vorangegangenen Saison war. Diese Wahl wird von der Fachzeitschrift „Kicker" organisiert.

Fußballgott

Spitzname für einen Spieler, dem etwas ganz Besonderes und Spielentscheidendes gelungen ist.

Fußballzwerge
Mannschaften, die im nationalen oder internationalen Vergleich keine wirklich große Rolle spielen. Beispiel: Liechtenstein, Färöer

Fummeln
Wenn ein Spieler einfach nicht abspielen will und selber versucht mit dem Ball am Gegner vorbeizukommen.

Gasse
Ausdruck für die Lücke zwischen mehreren Abwehrspielern, durch die hindurch der Ball gespielt wird, ohne dass die Abwehrspieler ihn erreichen können.

Gegentor

Ist ein Tor für die gegnerische Mannschaft. Den Rekord in Sachen Gegentore in der Bundesliga hält noch heute Tasmania Berlin: 1965/66 in 34 Spielen 108 Gegentore.

gelbe Karte/rote Karte

Wird vom Schiedsrichter dem Spieler für Regelwidrigkeiten gezeigt als Verwarnung (gelb) bzw. als Feldverweis (rot).

Goal

Aus dem Englischen für Tor.

Goalgetter

Ist ein Torschütze, bei dem fast jeder Schuss auch ein Tor ist.

Gras fressen

Ist eine beliebte Floskel von Trainern, die ihren Spielern nach Niederlagen ein hartes Training ankündigen.

Hackentrick

Der Ball wird mit der Hacke zum Mitspieler gespielt.

Hackordnung

Innerhalb einer Mannschaft gibt es wie in jedem tierischen Rudel eine Rangordnung unter den Spielern, die eine gewisse Wichtigkeit auf dem Platz widerspiegelt.

Halbfinale

Bei Turnieren oder Pokalwettbewerben ist das Halbfinale die Spielrunde, in der noch vier Mannschaften im Wettbewerb sind. Die Sieger aus dem Halbfinale qualifizieren sich für das Finale.

Halbzeit

Jedes Fußballspiel besteht aus zwei Spielhälften mit je 45 Minuten. Dazwischen gibt es 15 Minuten Pause, die Halbzeit. Hier ist das Spiel unterbrochen und die Spieler können sich ausruhen.

Handelfmeter

Wenn ein Spieler der verteidigenden Mannschaft im eigenen 16-Meter-Raum den Ball mit der Hand oder dem Arm berührt, gibt es einen Handelfmeter (Strafstoß).

Helmer, Thomas

Ex-Nationalspieler:

„Da muss dann auch mal einer die Hand ins Heft nehmen."

Herberger, Sepp

Deutscher Fußball-Philosoph und Bundestrainer, der Deutschland 1954 als Trainer zum Weltmeistertitel führte. Seine größten Weisheiten:

"Nach dem Spiel ist vor dem Spiel."

„Der Ball ist rund."

Hrubesch, Horst
("Kopfballungeheuer")

Ex-Nationalspieler Horst Hrubesch schildert die Entstehung eines seiner Tore unter Mitwirkung seines Mitspielers Manfred Kaltz:

„Mani Bananenflanke, ich Kopf, Tor!"

„Da habe ich gedacht, da tu ich ihn ihm rein, in ihn ihm sein Tor."

Jeremies, Jens

Deutscher Fußball-Ex-Nationalspieler, Mittelfeld:

„Das ist Schnee von morgen!"

Hattrick

Erzielt ein Spieler innerhalb einer Halbzeit drei Tore in Folge, spricht man von einem Hattrick. Dabei darf aber in der Zwischenzeit kein anderer Spieler ein Tor erzielen.

hängende Spitze

Ist ein taktischer Begriff und bedeutet, dass ein Spieler unmittelbar hinter den Stürmern aufgestellt wird, um diese beim Toreschießen direkt zu unterstützen.

Hexenkessel

Ein volles Stadion, in dem die Stimmung überkocht und die Zuschauer als so genannter 12. Mann ihrer Mannschaft fungieren.

Hineingrätschen

Deutscher Ausdruck für den englischen Begriff „sliding Tackling". Damit wird eine besondere Form der Abwehr bezeichnet.

hinten zumachen

Wenn eine Mannschaft sehr defensiv spielt und um jeden Preis ein Gegentor verhindern will, stellt sie sich mit allen verfügbaren Kräften in der Abwehr auf, so dass für die Gegenspieler ein Durchkommen nicht mehr möglich ist.

sich hochschrauben

Ist ein anderes Wort für sehr hoch springen, z.B. beim Kopfball.

hohes Bein

Ein Spieler setzt das Bein zu hoch und im gefährlich ausgestreckten Zustand ein. Es ist eine Regelwidrigkeit und wird mit einem Freistoß bestraft.

Indirekter Freistoß

Aus einem indirekten Freistoß darf kein Tor erzielt werden. Mindestens zwei Spieler müssen den Ball berühren, bevor er über die Torlinie fliegt.

Innenrist

Der Innenrist bezeichnet die Innenseite des Fußes. Damit wird der Ball in der Regel gespielt.
Siehe auch → Außenrist.

Internationale Wettbewerbe

Weltmeisterschaft - alle 4 Jahre
Europameisterschaft - alle 4 Jahre
Championsleague - jährlich
UEFA-Cup - jährlich
UI-Cup - jährlich

Joker

Dieser Ausdruck ist dem Kartenspiel entnommen.
Er bezeichnet einen Spieler, der nach seiner Einwechslung noch entscheidende Akzente setzen kann und in der Regel auch ein Tor erzielt. Er ist dann die Trumpfkarte des Trainers.

Kerze
Ein Spieler trifft den Ball so ungeschickt, dass er senkrecht in die Luft fliegt und an derselben Stelle wieder herab fällt. Handelt es sich dabei um einen Verteidiger, bricht Hektik im Strafraum aus.

Kiste
Umgangssprachlich: das Torgehäuse.

Klassenerhalt
Wenn eine Mannschaft nicht in eine niedrigere Spielklasse absteigen muss.

Klein-Klein
Umgangssprachlich für unproduktives Zusammenspiel innerhalb einer Mannschaft. Zu viele Kurzpässe auf engstem Raum.

uhlsport
Haarstudio
EULE

Kirsten, Ulf
Ex-Nationalspieler:

„Wenn bei einem Auswärtsspiel keiner ruft: Kirsten, du Arschloch, dann weiß ich genau, dass ich schlecht bin."

Klinsmann, Jürgen
Ex-Nationalspieler:

„Da sind meine Gefühle mit mir Gassi gegangen."

Labbadia, Bruno
Ex-Fußballer:

„Ach, solche Sachen soll man nicht unnötig hochsterilisieren."

Lattek, Udo
Trainer:

„Wunderbar wie er seinen Körper zwischen sich und den Gegner schiebt."

Legat, Torsten
Bundesliga-Fußballer:

„Unsere Chancen stehen 70 zu 50."

Littbarski, Pierre
Ex-Nationalspieler und Weltmeister 1990:

„Lieber ein Ende mit Schrecken, als ein Schrecken mit Ende."

Knipser

Ist ein Mittelstürmer, der im gegnerischen Strafraum immer an der richtigen Stelle steht und jeden abprallenden Ball ins Tor haut.

Kombination

Bedeutet das Zusammenspiel von mehreren Spielern. Ist einfach ein anderes Wort für einen gelungenen Spielzug.

Konter

Ist ein schneller Gegenangriff. Die eine Mannschaft greift an, sie stürmt nach vorn und verliert dabei plötzlich den Ball an die gegnerische Mannschaft. Diese wiederum stürmt nun ihrerseits nach vorn und überbrückt dabei in kürzester Zeit eine große Entfernung. Im Idealfall wird ein schöner schneller Konter mit einem Torerfolg abgeschlossen.

Kopfball

Eine besondere Form des Abspiels mit dem Kopf.

Kopfballungeheuer

Bezeichnet einen Spieler, der Tore fast immer per Kopf erzielt.

K.O.-System
Tritt in Pokalwettbewerben und Turnieren ein. Dabei scheidet der Verlierer einer Runde aus dem Wettbewerb aus. Nur der Sieger darf in der nächsten Runde weiterspielen.

Körpertäuschung
Taktisches Mittel beim Fußballspiel, um den Gegner auszuspielen.

Kurze Ecke
Die Ecke des Tores, die dem Ball am nächsten ist.

Kurzpass
Zuspiel zu einem Mitspieler über eine kurze Entfernung.

Lange Ecke

Die Ecke des Tores, die vom Ball am weitesten entfernt ist.

Latte

Dies ist beim Fußball die Kurzbezeichnung für Querlatte (Stange), die die obere Grenze des Tores markiert.

Lattenkracher

Der Ball wird in Richtung Tor geschossen und trifft mit hoher Geschwindigkeit die Querlatte des Tores. Es gibt einen dumpfen Hieb und der Ball prallt von der Querlatte zurück ins Spielfeld.

Lattenkreuz

Das ist der Punkt beim Fußballtor, an dem Pfosten und Latte zusammentreffen. Jedes Fußballtor besitzt zwei dieser Punkte. Ein Ball, der knapp unterhalb des Lattenkreuzes ins Tor geht, ist für den Torwart kaum zu erreichen und deshalb meistens ein Torerfolg → Dreiangel.

Das Leder vom Himmel pflücken

Sagt man, wenn der Torwart sich den Ball aus der Luft greift und sicher in seinen Armen hält.

Libero

Seine Position auf dem Spielfeld ist die des hintersten Abwehrspielers. Wird gern auch als letzter Mann bezeichnet, da er der letzte Feldspieler vor dem Torhüter ist.

Lichtgestalt

Kosename für Franz Beckenbauer.

Linienrichter

→ Schiedsrichterassistent
Es gibt zwei in jedem Spiel.
Sie sind die Assistenten des Schiedsrichters an den beiden Seitenauslinien. Der Linienrichter zeigt mit dem Heben der Fahne Regelwidrigkeiten an.

Linksaußen
Ist eine Bezeichnung für den Spieler auf der linken Stürmerposition.

Lupfer
Gefühlvolles Heben des Balles auf das Tor. Man sagt, der Spieler lupft den Ball über den Torwart in das Tor hinein.

Manndecker
Dieser Spieler hat die Aufgabe, einen anderen Spieler ganz eng zu bewachen und dessen Umgang mit dem Ball zu stören, damit er keine Torchance bekommt. Meist wird Verteidigern diese Aufgabe zugeteilt.

Matthäus, Lothar
Ex-Nationalspieler. Seine Weisheiten nach einem missratenen Spiel:

„Wir dürfen jetzt nur nicht den Sand in den Kopf stecken!"

„Das Chancenplus war ausgeglichen".

„Ein Lothar Matthäus lässt sich nicht von seinem Körper besiegen, ein Lothar Matthäus entscheidet selbst über sein Schicksal."

Mayer, Hans
Fußballtrainer:

„Wir haben in einigen Szenen unsere fußballerische Impotenz bewiesen."

Möller, Andreas
Ehemaliger Nationalspieler:

„Mailand oder Madrid - Hauptsache Italien !"

„Vom Feeling her hab' ich ein gutes Gefühl !"

Müller, Gerd
Bomber der Nation, berühmtester und erfolgreichster deutscher Mittelstürmer aller Zeiten:

„Ich bin der die Tore schießt."

Manndeckung

→ Manndecker

Mannschaft/Elf

Besteht aus 10 Feldspielern und dem Torwart.

Mauer

Wird von mehreren Spielern bei Freistößen der gegnerischen Mannschaft gebildet. Sie soll das eigene Tor vor einem Torschuss schützen.

Mittelfeldspieler

Ist die Spielerposition zwischen Angriff und Abwehr.

Mittelfeldregisseur
Der zentrale Mittelfeldspieler, der das Spiel seiner Mannschaft steuert und der entscheidende Spielgestalter ist.

Mittelstürmer
Ist die vorderste zentrale Angriffsposition in der Mannschaft.

mit drei Spitzen spielen
Die Mannschaft spielt sehr offensiv mit drei Stürmern.

Nachschuss
Ein Spieler schießt auf das Tor, dieser Schuss prallt vom Torwart oder Tor ab und der Spieler schießt noch mal.

DERBYSTAR

für den

Nachspielzeit

Kommt auf Grund von Spielunterbrechungen zu Stande und wird an die regulären 90 Minuten angehängt.

Nickligkeiten

Kleine versteckte Fouls, die der Schiedsrichter nicht sehen soll. Unfair und gemein.

Notbremse

Ist ein absichtliches Foul, um den gegnerischen Spieler an einer sicheren Torchance zu hindern. Die Notbremse ist für den Verteidiger das letzte Mittel den Torschuss abzuwenden. Je nach Ort, an dem das Foul passiert, gibt es direkten Freistoß oder Elfmeter.

Verhindert ein Spieler mit seiner Notbremse eine eindeutige Torchance, muss er mit der roten Karte vom Schiedsrichter bestraft werden.

Ordner
Ehrenamtlicher Helfer im Stadion, der für Recht und Ordnung sorgen soll. Der Ordner muss auch Spieler und Schiedsrichter vor Zuschauern schützen.

Parade
Bezeichnung für eine tolle Aktion des Torwarts, wenn er einen Ball spektakulär abwehrt. Die Steigerung der Parade ist die Glanzparade, wenn der Torwart einen Ball hält, der eigentlich unhaltbar war.

Pass

Genaues flaches Zuspiel von einem Spieler zum anderen.

Pausentee

Kommt bei Fußballübertragungen immer im Satz vor: „Der Schiedsrichter pfeift zum Pausentee!". Ist natürlich Quatsch, denn der Schiedsrichter pfeift bloß die erste Halbzeit ab. Dann gibt es zwar eine Unterbrechung von 15 Minuten, aber wohl kaum Tee. Elektrolytgetränke oder Mineralwasser sind bei Hochleistungssportlern nützlicher.

Pille

Ist eine andere Bezeichnung für den Ball.

Pfosten

Ist ein Bestandteil des Fußballtores.

Platzverweis

Ein Spieler bekommt vom Schiedsrichter die gelb-rote oder die rote Karte gezeigt und darf deshalb nicht mehr mitspielen.

Pokalspiel

Spiel zwischen zwei Mannschaften in einem Pokalwettbewerb.
Das Gegenteil davon ist das Punktspiel, bei dem es nicht um das Weiterkommen in die nächste Runde geht, sondern um das Erreichen möglichst vieler Punkte.

Pressing

Folgende Situation: Mannschaft A hat den Ball und versucht einen Angriff aufzubauen. Mannschaft B hat was dagegen und greift deshalb Mannschaft A schnell an und bedrängt sie schon in deren eigener Hälfte.
Das nennt man Pressing. Kommt vom englischen „to press", das „drücken, pressen, bedrängen" bedeutet.

Pressschlag

Der Ball wird von zwei Spielern gleichzeitig getroffen.
Das ist gefährlich und kann leicht zu Verletzungen führen.

WE ARE THE
CHAMPIONS

Querpass

Zuspiel zu einem Mitspieler. Dabei bleibt der Ball auf der gleichen Höhe, und es wird kein Raum gewonnen.

Querschläger

Ein Schuss, der leider Gottes nicht dahin geht, wo er ursprünglich hingehen sollte.

Raumdeckung

Ist ein taktisches Mittel, wobei nicht ein bestimmter Gegenspieler wie bei der → Manndeckung, sondern ein Spielraum von den Verteidigern kontrolliert wird.

Die Räume eng machen

Ist ein taktisches Mittel und bedeutet, dass die Mannschaft dem gegnerischen Team sehr wenig Spielraum lässt und somit ein konstruktiver Spielaufbau verhindert wird.

Regionalliga

1994 wurden wieder Regionalligen als höchste Spielklasse der Amateure eingeführt. Die Aufsteiger aus der Regionalliga steigen in die zweite Bundesliga auf.

Rochieren

Französisches Wort für Positionswechsel.

Netzer, Günther
Ex-Nationalspieler und Fußball-Fachmann:

„Bei mir wusste man immer, wo ich dran war."

Rehhagel, Otto
Fußballtrainer:

„Manchmal verliert man und manchmal gewinnen die anderen."

Reif, Marcel
Fußball-Reporter:

„Je länger das Spiel dauert, desto weniger Zeit bleibt."

„Wenn Sie dieses Spiel atemberaubend finden, dann haben Sie es an den Bronchien."

Sammer, Matthias

Ex-Nationalspieler und Fußballtrainer:

„Das nächste Spiel ist immer das nächste."

Scholl, Mehmet

Ex-Nationalspieler und FC Bayern-Legende:

„Ich kann nicht sagen, dass ich es nicht gesagt habe, weil ich es gesagt habe."

„Ich fliege irgendwo in den Süden - vielleicht nach Kanada oder so."

„Die schönsten Tore sind diejenigen, bei denen der Ball schön flach oben rein geht."

Rumpelfußball

Steht als Begriff für ein unansehnliches und meistens auch sehr langweiliges Fußballspiel.

Rückpassregel

Spielt ein Spieler seinem Torwart einen Ball mit dem Fuß zu, darf der Torhüter den Ball nicht mit der Hand berühren (Rückpass mit dem Kopf ist erlaubt). Berührt ein Torwart nach einem Rückpass den Ball aber doch mit der Hand, gibt es einen indirekten Freistoß innerhalb der Strafraumgrenze.

Sack zumachen

Besitzt eine Mannschaft schon einen Vorsprung, kann sie mit weiteren Toren das Spiel für sich entscheiden und somit den „Sack zumachen."

Saison

Die Spielzeit vom ersten Meisterschaftsspiel bis zum letzten Spiel.

sattes Pfund

Ein Schuss, der mit besonders viel Kraft und hoher Geschwindigkeit aufs Tor geschossen wird, aber nur an die Torlatte knallt.

Scherenschlag

Ein Fußballer ist mit beiden Füßen gleichzeitig in der Luft. Mit einem Fuß trifft er dabei den Ball. Er macht sozusagen einen Schritt ohne Bodenberührung. Die schwierigste Art des Scherenschlages ist der Fallrückzieher! Die brasilianischen Ballkünstler kennen sogar mehrere Arten von Scherenschlägen:
bicicleta - der normale Scherenschlag / **meia-bicicleta** - der halbe Scherenschlag / **puxeta** - der Fallrückzieher / **voleio** - der Fallrückzieher mit Finte

Schienbeinschützer

Ausrüstungsstück des Spielers zum Schutz des Schienbeins.

3

Schiri
Koseform für den Mann mit der Pfeife im Mund, den Schiedsrichter.

Schiedsrichterassistent
→ Linienrichter

Schiedsrichterball
Wird auch Hochball genannt. Spielfortsetzung erfolgt durch einen hochgeworfenen Ball des Schiris.

Schlafwagenfußball
Schlafwagenfußballer stehen in der Gegend rum und spielen sich gelangweilt den Ball zu. Schlafwagenfußball ist unattraktiv und nicht mit anzusehen. Manchmal wird eine ganze Mannschaft vom Symptom „Schlaf-

wagenfußball" ergriffen. Dann hat der Trainer jede Menge Arbeit, ihnen einzuheizen und Dampf zu machen.

Schleifer
Ein Trainer, der fachlich ganz besonders hart und kompromisslos mit seinen Spielern umgeht. Berühmte Schleifer der Bundesligageschichte: Ernst Happel (HSV), Werner Lorant (1860), Ede Geyer (Cottbus).

Schwalbe
Vortäuschung eines Fouls. Ein Spieler lässt sich fallen und tut so, als ob er gefoult worden sei. Die Arme werden im Flug zum Boden schwalbenförmig ausgebreitet. Für eine Schwalbe gibt's mindestens die gelbe Karte.

Skibbe, Michael
Ex-Bundestrainer:

„Ich bin immer offen für Kritik, sie muss nur konstruktivistisch sein."

Struntz, Thomas
Ex-Nationalspieler:

„Es ist ein Sehnenabriss am Schambeinknochen. Hört sich lustig an - ist aber trotzdem beim Fußball passiert."

Thon, Olaf
Ex-Nationalspieler:

„Ich habe ihn nur ganz leicht retuschiert."

„Man hetzt die Leute auf mit Tatsachen, die nicht der Wahrheit entsprechen."

Totti, Francesco
Italienischer Fußballer
Auf die Frage, was er von dem Motto Carpe Diem halte, antwortet er:

„Was soll der Scheiß, ich kann kein Englisch."

Sechzehnmeterraum / Strafraum

Wird auch als Sechzehner bezeichnet, er befindet sich vor den beiden Toren und ist durch Linien begrenzt. Die Länge des Strafraumes ist exakt 16,5 Meter.

sich gegenseitig auf die Füße treten

Wenn zu viele Spieler innerhalb einer Mannschaft auf engstem Raum beisammen sind und dadurch kein Spiel zustande kommt.

Silver Goal

Endet ein Spiel in der K.O.-Runde nach 90 Minuten unentschieden, wird eine 15-minütige Verlängerung angehängt.

Jene Mannschaft, die nach diesen 15 Zusatzminuten in Führung liegt, hat das Spiel gewonnen. Steht die Partie auch nach 105 Minuten unentschieden, folgt nochmals eine 15-minütige Verlängerung.
Sollte auch nach dieser Zusatzzeit kein Sieger feststehen, kommt es zum Elfmeterschießen.

Simulant
Ein Spieler, der nach einem Foul Schmerzen vortäuscht, obwohl er gar keine hat.

Sommerpause
Ist die spielfreie Zeit zwischen der alten und neuen Saison.

Sonderbewacher

Bezeichnung für die besondere Deckungsaufgabe eines Spielers. Dieser kümmert sich intensiv um die Bewachung eines spielstarken Gegenspielers.

Sonntagsschuss

Ein herrliches Tor, bei dem alles stimmt. Der Schütze nimmt Maß, die Gegner schauen ehrfürchtig zu und der Ball segelt zentimetergenau ins Netz. Für den Torwart unhaltbar.

Sperren

Regelwidriges Verhalten eines Spielers. Der Abwehrspieler stellt sich dem Stürmer einfach in den Weg und behindert diesen absichtlich.
Wird mit einem Freistoß bestraft.

Spiel ohne Ball

Taktisches Mittel. Ziel ist es sich freizulaufen und Platz zu schaffen für den ballführenden Mitspieler.

Spiel steht auf dem Kopf

Wird verwendet, wenn das Fußballspiel einen völlig untypischen oder ungerechten Verlauf nimmt.

Das Spiel ist zu eng

Bedeutet, dass die Spieler nicht den gesamten Platz zum Fußballspielen ausnutzen.

das Spiel über die Außen

Nicht gerade schönes Deutsch, ist aber eine von Trainern gern verwendete Floskel. Der Ball wird über die rechte oder linke Außenseite nach vorn gebracht, um ihn dann per Flanke vor das Tor zu schießen.

Spielklassen national

- Bundesliga
- 2. Bundesliga
- Regionalliga Nord / Regionalliga Süd
- Oberliga usw.

Spielführer

Auch Mannschaftskapitän oder Mannschaftsführer genannt. Trägt eine Armbinde als Kennzeichen.

Trappatoni, Giovanni

Einer der erfolgreichsten italienischen Trainer, von 1996-1998 Bayern-Trainer. Seine Brandrede vor der Münchner Sportpresse im März 1998 nach erneuter Niederlage des FC Bayern ist Legende:

„Ein Trainer ist nicht ein Idiot. Ein Trainer sehen was passieren in Platz. In diese Spiel es waren zwei, drei, vier Spieler, die waren schwach wie Flasche leer."

„Uns Uwe"

Ist ein umgangssprachlicher Spitzname für Uwe Seeler, den legendären Spieler und Stürmer des HSV und der deutschen Nationalmannschaft in den 60er Jahren.

Vogts, Berti
Ex-Nationalspieler und Trainer:

„Hass gehört nicht ins Stadion. Solche Gefühle soll man gemeinsam mit seiner Frau daheim im Wohnzimmer ausleben."

„Die Breite an der Spitze ist dichter geworden."

„Sex vor einem Spiel? Das können meine Jungs halten, wie sie wollen. Nur in der Halbzeit, da geht nichts."

Spielmacher (Regisseur)

Ist die Bezeichnung für den spielgestaltenden Mittelfeldspieler.
Er setzt die Impulse im Angriffsspiel seiner Mannschaft und bestimmt zum Beispiel das Tempo des Spiels.

Spitzer Winkel

Ausdruck für den Schusswinkel des ballführenden Spielers zum Tor - aus zu spitzem Winkel ist ein Torschuss wenig Erfolg versprechend.

Standardsituation

Als Standardsituation werden alle Spielsituationen bezeichnet, bei denen der Ball ruhig liegt. Dazu gehören der Freistoß und die Ecke.

Standfußball
Fußball, bei dem wenig gelaufen wird.

Staubsauger vor der Abwehr
Ist ein defensiver Mittelfeldspieler, der versucht, möglichst viele Angriffe der gegnerischen Mannschaft schon vor der eigenen Abwehr abzufangen.

Steilpass
Ein torgefährlicher Pass direkt in Richtung des gegnerischen Tores.

Steilvorlage
Ein scharfer und schneller Pass in die gegnerische Hälfte. Wenn die Angreifer schnell genug sind, ist ein Torschuss sicher.

Stollen
Ein Teil der Schuhsohle eines Fußballschuhes, erhöht die Standfestigkeit auf rutschigem Boden.

Stoppen
Bedeutet Ball anhalten.

Strafstoß
Anderes Wort für Elfmeter.
Strafe nach Regelverstoß eines Spielers im eigenen Strafraum.
Der ausführende gegnerische Spieler muss den Ball von der Strafstoßmarke (11 Meter vor der Torlinie) nach vorn treten und darf ihn erst ein zweites Mal spielen, nachdem er vom Torhüter oder von einem anderen Spieler berührt worden ist.

17

Stutzen

Zählen zur Ausrüstung des Fußballers. Zwei Strümpfe, die die Unterschenkel bedecken und schützen.

Stürmerfoul

Wenn der Stürmer (Angreifer) einen Verteidiger foult, dann spricht man von einem Stürmerfoul.

der Stürmer hat Ladehemmung

Bedeutet, dass der Spieler im Moment einfach kein Glück hat und kein Tor erzielt.

Tackling

Englisches Wort für den Angriff eines Abwehrspielers auf den Ball, um ihn dem Gegner abzujagen.

tödlicher Pass in den freien Raum

Ist ein Zuspiel, das unerwartet und zugleich unerreichbar für die Gegenspieler kommt, meist von einem Mittelfeldspieler zu einem Stürmer. Ergibt oft eine große Torchance.

Tor

Die beiden Tore des Spielfeldes bestehen aus zwei senkrechten Pfosten, die im gleichen Abstand zu den Eckfahnen stehen und durch eine Querlatte verbunden sind.
Der Abstand zwischen den Innenkanten der Pfosten beträgt 7,32 m. Die Unterkante der Querlatte ist 2,44 m vom Boden entfernt.
Zugleich auch die Bezeichnung für einen mit dem Ball erzielten Treffer.

Torhüter/Torwart
Ist der Schlussmann der Mannschaft und steht im Tor.

Torraum
Eine 5,50 m breite Abgrenzung vor dem Tor, in der ein Torwart in der Luft nicht angegriffen werden darf.

Torriecher
Ein Fußballer hat ihn, wenn er ahnt, wohin der Ball gespielt wird und an der richtigen Torschussposition steht. Unverzichtbar für einen guten Stürmer.

Treter
Sagt man zu einem besonders unfairen Spieler, der es nur auf die Beine

der Gegner und nicht auf den Ball abgesehen hat.

Trikotzupfer

Ein Spieler, der einen anderen während des Spiels am Trikot festhält.

Tunneln

Einem Spieler wird der Ball durch die Beine gespielt. Für einen Torwart besonders blamabel, wenn er bei einem Torschuss getunnelt wird, denn dann ist der Ball direkt im Tor.

über den Schlappen gerutscht

Wenn der Ball bei einem Torschuss über den Spann des Fußes abrutscht und dadurch nicht in Richtung Tor fliegt, sondern irgendwo anders hin.

Völler, Rudi
(Spitzname „Tante Käthe")
Ex-Teamchef der deutschen Nationalmannschaft:

„Zu fünfzig Prozent haben wir es geschafft, aber die halbe Miete ist das noch nicht."

„Mein Manager arbeitet Tag und Nacht. Er ist ein so genannter Alkoholic."

„Wie so oft liegt auch hier die Mitte in der Wahrheit."

Walter, Fritz
(Kapitän der deutschen Weltmeister-mannschaft von 1954)
Ex-Nationalspieler:

Sagte auf die Frage, wie denn seine Frau heiße: „Ha, auch Walter !"

Wegmann, Jürgen
Fußballer, Stürmer:

„Zuerst hatten wir kein Glück und dann kam auch noch Pech dazu."

Unparteiischer
Anderes Wort für den Schiedsrichter.

Unschuldslamm
Ein Spieler, der im Spiel etwas Unerlaubtes macht, dies aber nicht zugeben will und stattdessen mit großen Hundeaugen und absolut unschuldig den Schiedsrichter ansieht.

verstecktes Foul
Ein Foul, das der Schiedsrichter nicht sieht, das nur in der Fernseh-Zeitlupe zu sehen ist.

Verteidiger
Eine Position in der Abwehr der Mannschaft. Es gibt den linken Verteidiger, rechten Verteidiger, Innen-

verteidiger, Außenverteidiger, Vorstopper und Libero.
Die Bezeichnung ist vom Abwehrsystem in der Mannschaft abhängig.

Viererkette

Ein Abwehr-System in der Mannschaftsaufstellung und entscheidend für die taktische Ausrichtung.
Es stehen 4 Verteidiger auf gleicher Höhe in der Abwehr.

Verwarnung

Wird bei einer Regelwidrigkeit vom Schiedsrichter an die Spieler ausgesprochen und ist die Vorstufe zur gelben Karte.

Volleyschuss
Ein direkt aus der Luft genommener Ball, ohne dass der Ball den Boden vorher berührt.

von den Beinen holen
Ein Spieler foult den Spieler der anderen Mannschaft so sehr, dass er sich nicht mehr auf den Beinen halten kann.

Vorstopper
Zentrale Spielposition in der Verteidigung und spielt immer gegen den Mittelstürmer des Gegners.

Wadenbeißer (Terrier)
Bezeichnung für einen kleinen und knallharten Verteidiger, bei dem es auf Grund der Körpergröße aussieht,

als würde er seinem Gegenspieler in die Waden beißen.
Berühmtester Spieler: Berti Vogts.

Wasserträger

Ein Spieler, der einem anderen genialen Spieler seines Teams im Spiel den Rücken freihält und bereitwillig einige seiner Aufgaben übernimmt.

Wechsel

Kurzbezeichnung für eine Auswechselung. Man spricht aber auch von einem Wechsel, wenn ein Spieler zu einem anderen Verein geht.

Wembley-Tor

Als in der 101. Minute des WM-Endspiels 1966 Geoffrey Hurst den Ball gegen die Querlatte donnerte, von wo er ins Spielfeld sprang und dann ins Aus geköpft wurde, war der sowjetische Linienrichter Bachramow der einzige, der ein Tor gesehen hatte. Und so wurde England Weltmeister.

Winkel verkürzen

Taktisches Abwehrmittel des Torwarts beim Herauslaufen aus seinem Tor. Der Torwart geht dem ballführenden Gegner von der Tormitte aus soweit entgegen, bis sich der 90-Grad-Winkel ergibt.

Wimpel

Vor jedem internationalen Spiel tauschen die beiden Spielführer die Vereins- oder die Verbandswimpel aus. Dies soll für die Mannschaft eine Erinnerung an das Spiel sein.

Wunder von Bern

Es geschah am 4. Juli 1954.
Helmut Rahn schießt im WM-Finale gegen die Ungarn das 3:2.
Dazu gehört der berühmte Reporterschrei von Herbert Zimmermann: „Aus... aus... aus... aus... das Spiel ist aus; Deutschland ist Weltmeister!"

Zaubern

Spielt ein Spieler besonders trickreich und ballgewandt, nennt man das auch zaubern.

Zauberball

Ist ein besonders raffiniertes Abspiel oder ein besonders gekonnter Schuss.

Zuckerpass

Ein extrem genaues Zuspiel. Meistens ergibt sich aus einem Zuckerpass eine sehr gute Torchance.

Zweikampf

Kampf zweier Spieler mit erlaubten Mitteln um den Ball. Dafür darf auch der Körper eingesetzt werden.

Aus dem lieferbaren Mini-Angebot

Kochbüchlein

Berlin & Mark Brandenburg kulinarisch
Bierbüchlein • Branntweinbüchlein
Brasilianische Rezepte • Champignon & Co.
Alles vom Ei • Gemüseraritäten
Gesundes aus dem WOK
Exotische Gewürze • Grillbüchlein
Holunderrezepte
Kaffeebüchlein • Käsebüchlein
Kürbis-Büchlein • Lieblingskuchen
Mecklenburg-Vorpommern kulinarisch
Mehlspeisenbüchlein
Neues Fischbüchlein • Neues Nudelbüchlein
Neues Reisbüchlein
Noch mehr knackige Salate
Obstexoten • Ostpreußen-Kochbüchlein
Pfefferkuchenbäckerei
Pommern kulinarisch • Sachsen kulinarisch
Sachsen-Anhalt kulinarisch
Salzbüchlein • Sauerkrautbüchlein
Schlesisches Kochbüchlein
Schokoladenbüchlein

Sektbüchlein · Stollenbüchlein
Teevergnügen · Thüringen kulinarisch
Weinbrevier · Whiskybüchlein
Zuckerbüchlein

Pflanzenbüchlein

Bäume & Sträucher · Faszination Rosen
Heilkräuterbüchlein · Mythos Ginkgo
Kamelienbüchlein · Küchenkräuter
Naturapotheke · Tulpenbüchlein

Der besondere Band

Hans Christian Andersen
Beloved Sisi · Berlin für die Westentasche
Das kleine Bach-Büchlein
Auf der Sächsischen Burgen- und
Schlösserstraße · Wilhelm Busch
Dresden für die Westentasche
Dresden in Pocket Size
Erzgebirgisches Weihnachtsbüchlein
Frauen-Weisheit · Geliebte Sisi
Glanz des Schönen · Fairy Tale King Ludwig
Faust-Zitate · Fußball-ABC · Fürst Pückler
Goethe-Zitate · Die grüne Fee: Absinth
Halle für die Westentasche · Heine-Zitate

Hundebüchlein · Das kleine Kamasutra
Katzenbüchlein · Küchenbüchlein
Leipzig für die Westentasche
Liebes Bett · Magdeburg für die Westentasche
Märchenkönig Ludwig II.
Claude Monet · Wolfgang Amadeus Mozart
München für die Westentasche
Nietzsche-Zitate · Pferdebüchlein
Philosophinnen-Sprüche
Rainer Maria Rilke · Joachim Ringelnatz
Das kleine Sachsenbuch
Sandmännchen-Büchlein
Schiller-Zitate · Schnupfenbüchlein
Shakespeare-Zitate · Sommerglück
August Strindberg · Von Jahr zu Jahr
Weimar für die Westentasche
Auf der Sächsischen Weinstraße
Weisheiten der Welt
Wetter- & Bauernregelbüchlein
Winterglück
Witz und Weisheit der Tataren

BuchVerlag für die Frau
Gerichtsweg 28 · 04103 Leipzig

dalla carta all'etere e al Web, con pesanti ripercussioni sulla vitalità dell'editoria tradizionale. Che non scomparirà, certo, ma dove, entrando da imprenditore, potrebbe essere difficile risultare vincenti sul breve. Se si decide di operare in questo segmento è meglio farlo con un bagaglio di competenze molto ampio e segmentato, con professionalità diversificate, in modo da garantire una copertura completa del servizio di comunicazione. Anche perché in commercio sono entrati prodotti tecnologici come Kindle e iPad che offrono la possibilità di leggere libri e giornali in formato elettronico dietro abbonamento.

L'originalità premia

Molte attività commerciali, come le vendite al dettaglio nelle grandi città, sono in declino. Dal panorama delle metropoli sono scomparse le latterie e le drogherie, le salumerie sono sempre più rare, forse un poco più diffuse appaiono le macellerie e i negozi di alimentari. La concentrazione delle attività nei grandi ipermercati ha di fatto atrofizzato un settore tradizionale, dove sarebbe rischioso avventurarsi, a meno di non avere idee così brillanti da rendere originale la formula di vendita.

Anche il settore dell'elettronica e dell'informatica, legata ai computer, ha fortemente rallentato. Gran parte dei nuovi PC viene costruita in zone remote del mondo, in Asia soprattutto, dove i costi del lavoro e della produzione sono notevolmente più bassi rispetto alla media di quelli europei. Se può essere folle lanciarsi *ex novo* in un'attività di costruzione di